MurakamiSachiko

村上祥子の
電子レンジらくらくクッキング

DenshiRenjiRakurakuCooking

ブックマン社

Contents
村上祥子の電子レンジらくらくクッキング

電子レンジ活用マニュアル
電子レンジのお約束●●●●●4
下ごしらえに大活躍●●●●●6
温め直しのコツ9品●●●●●7
解凍の仕方●●●●●8
膜のあるものの処理の仕方●●●●●9
楽チン裏技集16●●●●●10

おいしい・すぐできるレシピ集
チーズオムレツ●●●●●14
フレンチトースト●●●●●16
ボイルドソーセージとフライドポテト●●●●●18
クロワッサンド●●●●●20
2人分炊きたてごはん●●●●●22
冷凍ごはん●●●●●24
中華おこわ●●●●●26
わさびチャーハン●●●●●28
鍋焼きうどん●●●●●30
フレッシュトマトソース・パスタ●●●●●32
簡単ミートソース●●●●●34
さばのみそ煮●●●●●36
さけのお茶目な一口フライ●●●●●38
できたて茶碗蒸し●●●●●40
麻婆豆腐●●●●●42
いかとチンゲン菜の炒め物●●●●●44
青椒肉絲●●●●●46

あったかポテトサラダ●●●●●48
れんこんのきんぴら●●●●●50
肉じゃが●●●●●52
ふろふき大根●●●●●54
ほうれん草の白あえ●●●●●56
クリームシチュー●●●●●58
ハヤシライス●●●●●60
ソフトハンバーグ●●●●●62
できたて蒸し鶏●●●●●64
シャッキリ野菜炒め●●●●●66
ふっくらニラレバ●●●●●68
焼き豚●●●●●70
豚汁●●●●●72
鶏つくね●●●●●74
唐揚げチキン●●●●●76
あさりの酒蒸し●●●●●78
ボイルドソーセージとめんつゆキャベツ●●●●●80
小松菜と油揚げの煮物●●●●●82
ピーマンのじゃこいり煮●●●●●84
ブロッコリーのめんたいマヨネーズあえ●●●●●86
辣白菜●●●●●88
三色漬け●●●●●90
きのこの和風ピクルス●●●●●92

材料別さくいん●●●●●94

- 本文中で表示した調理時間は600Wレンジを使用した場合で、下ごしらえの時間も入っています。
- エネルギー[kcal]の数値は1人分です。
- 1人分を調理する場合は材料と加熱時間を半分にしてください。

電子レンジ活用マニュアル

電子レンジのお約束
レンジを使うための *ABC*

使える器

使えない器

A ● ● ● ● ● 使える器・使えない器 [プラスチック・木・竹は✕]

110℃未満でしか使えないプラスチック容器、木や竹の製品は熱で変形します。また、金模様は黒ずみ、ペイントははげてしまいます。土鍋や低温で焼きつけた陶磁器は、ひび割れの危険も。アルミホイルは例外的な使い方を除いて、ステンレス、ホーローなどの金属類もNG。これらを除けば、耐熱ガラスはもちろん、食器やポリ袋、ラップなど、電子レンジに使える物は意外と多いもの。レンジ専用のふたがあると、ラップの代わりに使えます。平たい耐熱皿で、大きさが合うものがあれば、それでもOK。

B ● ● ● ● ● ターンテーブルの定位置 [中央は✕、端が○]

電子レンジのターンテーブルの中央に食品を置きたくなるけど、実はこの位置こそ、レンジの熱が一番あたりにくく、加熱むらが起きやすいところ。食品はターンテーブルの端に置くのが正解。いくつか並べるなら周囲に等間隔に。例外として、大きい器で加熱するときは、ターンテーブルの中央に置きます。

C ● ● ● ● ● 加熱時間は正しく設定

電子レンジを使う場合、おいしく作る決め手になるのが正しい加熱時間。加熱時間が長すぎると、食材が硬くなってしまったり、脂肪の多いものはドロドロに溶けてしまったり。家にある電子レンジの出力が何Wなのか、きちんとチェックを。ほとんど500Wと600Wですが、なかには800Wや900Wのインバーター切り換え装置型式の物もあります。レンジの横や裏、取扱説明書を確認して。

加熱時間目安表

種類		100gあたり	600W	500W
野菜	もやし	もやし	40秒	1分
	きのこ	しめじ、生しいたけ、まいたけ、えのきだけ	40秒	1分
	菜っ葉	にんにくの芽、春菊、三つ葉、にら、青ねぎ、長ねぎ、ほうれん草、小松菜、チンゲン菜、キャベツ、白菜	1分10秒	1分30秒
	夏野菜 春野菜	なす、トマト、オクラ、ピーマン、カリフラワー、ブロッコリー、アスパラガス、さやいんげん	1分30秒	2分
	根野菜などの冬野菜	じゃがいも、さつまいも、里いも、長いも、こんにゃく、かぼちゃ、とうもろこし、枝豆、れんこん、玉ねぎ、にんじん、大根、かぶ、ごぼう	2分	2分30秒
	冷凍野菜[加熱ずみ]	ミックスベジタブル、グリンピース、コーン、五菜ミックス、芽キャベツ、ほうれん草	3分	3分40秒
肉・魚介 卵・豆腐	肉、魚、卵 えび、いか、豆腐	鶏肉、豚肉、牛肉、魚類、鶏卵 えび、いか、かに、たこ、帆立貝、鶏ささ身、豆腐	2分 1分	2分30秒 1分20秒

500Wの加熱時間は、600Wの1.2倍
例● 600Wの電子レンジで**5分**加熱 → 500Wの電子レンジで**6分**[5×1.2=6分]加熱

加熱する物の重さが増えれば、加熱時間は比例して増える。
例● 2人分のえび*100g*を**1分**加熱 → 4人分のえび*200g*を**2分**[1分×2=2分]加熱

下ごしらえに大活躍

ガスよりずっと早くできて、栄養素も多く残すのがレンジの下ごしらえの特長。
手早く栄養いっぱいの料理ができるのだからこんな嬉しいことはありません。

栄養素が壊れにくい●●●●●

　電子レンジで加熱すると、栄養素によっては多く残るものがあります。特にビタミンC。水に流出しやすい栄養素なので、鍋でゆでるより電子レンジで加熱したほうが残る率が高くなります。ただし、アクも残るので、ほうれん草や春菊などはレンジでチンしたあと必ず水にとって。それでもレンジ加熱のほうがビタミンCの残る量は多いのです。

料理の失敗を防ぐ●●●●●

　野菜炒めを作るときに、シャキッと歯ざわり良く仕上げるのはむずかしいもの。食べやすいサイズに切ったキャベツ、にんじん、ピーマンなどを耐熱ボウルに入れ、ふたをしてチン。ざるに上げて水けをきり、豚肉を炒めたフライパンに移せば、さっと火を通すだけでプロ級のでき上がり。ハンバーグも焼いてチンすれば生焼けの心配無用。

時間短縮6食材●●●●●

ほうれん草

ほうれん草1ワ[300g]は、電子レンジ600Wで4分加熱でできますが、ガスで熱湯をわかしてゆでると10分かかります。

じゃがいも

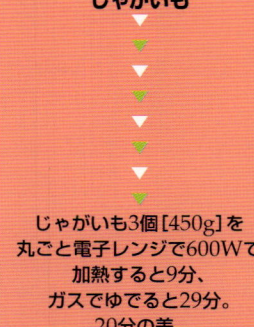

じゃがいも3個[450g]を丸ごと電子レンジで600Wで加熱すると9分、ガスでゆでると29分。20分の差。

なす

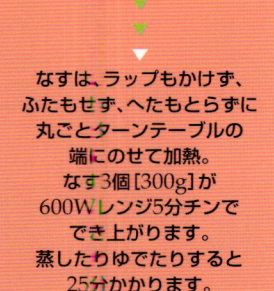

なすは、ラップもかけず、ふたもせず、へたもとらずに丸ごとターンテーブルの端にのせて加熱。なす3個[300g]が600Wレンジ5分チンででき上がります。蒸したりゆでたりすると25分かかります。

にんじん

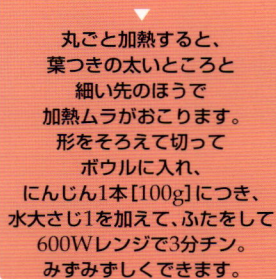

丸ごと加熱すると、葉つきの太いところと細い先のほうで加熱ムラがおこります。形をそろえて切ってボウルに入れ、にんじん1本[100g]につき、水大さじ1を加えて、ふたをして600Wレンジで3分チン。みずみずしくできます。

大根

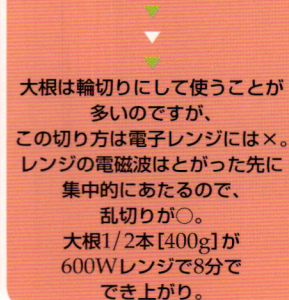

大根は輪切りにして使うことが多いのですが、この切り方は電子レンジには×。レンジの電磁波はとがった先に集中的にあたるので、乱切りが◯。大根1/2本[400g]が600Wレンジで8分ででき上がり。

玉ねぎ

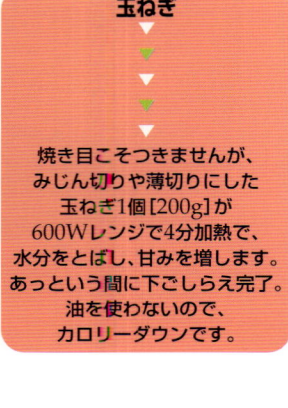

焼き目こそつきませんが、みじん切りや薄切りにした玉ねぎ1個[200g]が600Wレンジで4分加熱で、水分をとばし、甘みを増します。あっという間に下ごしらえ完了。油を使わないので、カロリーダウンです。

温め直しのコツ9品

冷蔵と冷凍では加熱時間が違います。「冷凍は冷蔵の約2倍の加熱時間」を目安に覚えて。この法則はどのおかずにもあてはまります。

煮物●●●●●
ひじきや切り干し大根など水分の少ない煮物は、1人分[100g]につき大さじ1の水を加えてふたをして。600Wレンジで、冷蔵していたもので1分、冷凍で2分。

ご飯●●●●●
茶わんごとすっかり冷えたご飯。霧吹きのシュッとひと吹きでふんわりとラップをかけて600Wレンジで1分20秒チン。冷凍ごはんは倍の2分40秒で。冷凍ごはんは、加熱途中で混ぜたほうがベターです。

カレー、シチュー●●●●●
冷凍した煮込み料理は、解凍・加熱が1度にできます。が、レンジに任せっ放しではだめ。固形物の具と液体の汁とでは、電磁波の通り具合が違います。内部と表面、中央と側面などでも加熱具合に差が出てしまうので、途中で1度取り出して混ぜ、再加熱します。器ごと冷凍したカレーは、600Wレンジで1人分につき3〜4分を目安に加熱。円形か長方形か、器の形によっても温まり方が違います。

焼き餃子●●●●●
焼き目を上にするのがポイントです。基本通りに、耐熱の器の周りに餃子を等間隔に並べて。100gにつき600Wレンジで冷蔵で1分、冷凍で2分。

飲み物、汁もの●●●●●
冷えた飲みものや汁ものを温め直しするときは、耐熱の器に移し、ふたかラップをかけてターンテーブルの端に。1カップにつき600Wレンジで冷蔵で2分加熱。

肉まん●●●●●
ふわっとしたできたての口当たりを再現したい肉まんは、水にくぐらせ、耐熱の器にのせて、ふたをして蒸気をキープ。600Wレンジで100gにつき、冷蔵で40秒、冷凍で1分20秒。

コンビニ弁当●●●●●
しょうゆソースのパック、アルミケース、プラスチックのハランなどは、始めに取り出してしまいます。ラップをかぶせ、600Wレンジで弁当1個[400g]で3分加熱を目安に。

シュウマイ●●●●●
ふんわりあつあつを食べたいシュウマイは、1度水にくぐらせてから耐熱の器に並べ、ふたをして600Wレンジで100gにつき冷蔵で1分、冷凍で2分加熱。

フライ・天ぷら●●●●●
ベチャッとするのがイヤ！と嫌われるレンジ加熱のフライもの。耐熱の器にペーパータオルをしいた上にのせ、ふたなしで加熱。取り出して30秒ほど放置すると、蒸気が飛んでカリッ。600Wレンジで100gにつき、冷蔵で1分、冷凍で2分。

解凍の仕方

解凍は時間ややり方で、おいしさにかなり差が出ます。
コツを覚えて「おいしい解凍」しましょう。

ペーパータオルにのせ、
ふんわりラップをかけ加熱

指で軽く押してみて、
表面に水分がにじんでくる程度にもどす

肉・魚・冷凍マグロの刺身などの生もの●●●●●

　完全に解凍するとうまみが流出しておいしさ半減。弱加熱で包丁が入る程度の半解凍にするのがベスト。刺身の場合、ペーパータオルにのせてふんわりラップをかけて100gにつき弱加熱1分を目安に。あとで調理する肉や魚の場合、100gにつき弱加熱2分を目安に。弱加熱キーを、生ものの解凍や煮込みという名称で呼ぶメーカーもあります。

ハム・ソーセージ・かまぼこ●●●●●

　100gにつき弱加熱1分。シャリシャリ半解凍ですが、取り出してあとは自然解凍にまかせます。

えび・いか・たらこ・明太子●●●●●

　パックごと100gにつき弱加熱1分で。たらこと明太子はこれでOK。えびやいかはパックからペーパータオルの上にのせかえて、ふんわりラップでさらに弱加熱で1分。

パン・カステラ・大福もち●●●●●

　ペーパータオルにのせてラップなしで100gにつき弱加熱40秒。パンはあくまでも解凍のみ。バゲットはこのあとオーブントースターで1分焼くとできたての味に。食パンは凍ったままトースターで焼いたほうがおいしい。

アイスクリーム・チーズケーキ●●●●●

　カチカチに凍ってしまったアイスクリームは、表面のアルミホイルのふたをとって容器ごと100gにつき弱加熱で30秒チン。生クリームやバターがたっぷり入ったケーキも冷凍OK。食べるときは下のアルミケースを取り除き、100gにつき弱加熱で30秒。ケーキ類は1個ずつ加熱したほうが、姿・かたちともにgood。

膜のあるものの処理の仕方

食べ物がバクハツして庫内に飛び散ってしまったことはありませんか？
膜のあるものの処理方法をしっかり覚えておきましょう。

　電子レンジの加熱の原理は、レンジから発した電磁波が食品の中の水分子の向きを急激に動かして100℃の水蒸気に変えて、蒸したりゆでたり煮たりして調理します。そこでコラーゲンというたんぱく質の薄くて丈夫な膜が表面をおおっている、卵黄やいか、レバーやソーセージ、皮つきの鶏肉や切りこみを入れていないいわしやさんま、あじ、カレイなどの食品を電子レンジで加熱すると、1gの水が1700倍のボリュームの水蒸気に変わり、パンとはじけ、飛び散ってしまうことになるのです。

　卵は、耐熱の器に割り入れたら表面をようじで2～3ヶ所わりあい派手に突いておくか、ときほぐして使います。鶏肉は皮を下にして、耐熱の器に入れてふたをして加熱。あるていど身に火を通して水分を抜き、裏返して皮目はあとから火を通すと、ハジけずにすみます。

　薄皮が5層になっているいかや厚めの薄皮がついているレバーやソーセージは、小さく切ったり、切り目を何ヶ所か入れる下準備を。カレイやイワシの魚も、必ず切り身にしてからレンジ加熱を。

　万が一庫内ではじけたら、すぐスイッチを切って、必ず3～4分待ってから扉を開けること。うっかり開けて、レバーが私目がけて飛んできたことがありましたから。危険ですし、飛びハジけた後の庫内の掃除がたいへんです。

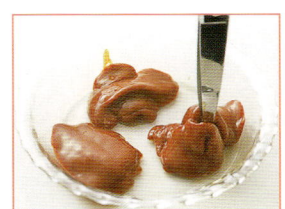

レバーなど膜のあるものには、
切り込みを入れる

楽チン裏技集

16

レンジの得意技は温めや調理だけではありません。
ぎんなんの皮むきができたり、
ごはんが炊けてしまったり、
オドロキの技をどうぞお試し下さい。

1 ●●●●● のりの湿気とり

　湿気てしまったのりは、元にもどせます。のりは、ペーパータオルの上にのせて1枚につき10～20秒加熱。

2 ●●●●● ごまをいる

　ごまは耐熱の器に入れ、飛びハネ防止にふたをして、大さじ1[10g]につき600Wレンジで2分加熱。

3 ●●●●● 油揚げの油抜き

　お湯を沸かして、ざるを用意して…。電子レンジならそんな手間は一切なし。水にぬらしたペーパータオルで油揚げを包み、600Wレンジで1枚につき30秒チン。カンタンに油が抜けるうえに、いい香りも立ちます。

4 ●●●●● 豆腐の水きり

　豆腐に重石をのせて電子レンジにかけると、スピーディに水きりができます。
　豆腐を2枚重ねのペーパータオルで包んで耐熱ボウルに入れ、その上に1カップの水の入った耐熱ボウルをのせ、600Wレンジで1/2丁につき5分加熱。

水の入った耐熱ボウルをのせ重石にする

5 ●●●●● アボカドを熟成する

　今すぐ食べたいのにまだ若くて熟しきっていないアボカドも、レンジにおまかせです。ターンテーブルの端に1個置き、まず1分加熱。指で押してみてソフトな手応えがあったら食べごろ。キウィもどうぞ。

6 ●●●●● レモンがラクに搾れる

皮が厚かったり硬かったりするレモンは、電子レンジを使うと搾りやすくなります。1個につき1分の割合でレンジ加熱。半分に切ってギュッ！通常よりラクに20％は果汁が多く搾れます。

7 ●●●●● せんべい・クッキーの湿気とり

ターンテーブルにペーパータオルをしき、周りに等間隔に並べます。直径6〜7cmのせんべい1枚につき600Wレンジで10秒チン。香ばしさがあっという間によみがえります。

8 ●●●●● ベーコンが30％カロリーダウン

耐熱皿にペーパータオルをしき、ベーコンを1枚ずつ並べてのせる。余ったペーパーは折りかえしてベーコンにかぶせ、2枚につき600Wレンジで30秒加熱。ベーコンの表面に浮き出た脂はペーパータオルに吸いとられ、およそ30％のカロリーダウン。カリカリベーコンにするときは、2枚につき1分加熱。

ベーコンは
ペーパータオルではさみ、加熱

9 ●●●●● 食パンのみみでクルトン

スープやポタージュに浮かべるとおしゃれなクルトンも、レンジで超カンタンに作れます。材料は食パンのみみ。7mm角に切って耐熱皿の回りに並べて、600Wレンジで食パン1枚分のみみで2分加熱でカリカリクルトンに。

10 ●●●●● にんにくのニオイ消し

にんにくを電子レンジで加熱すると、食べるときは香りがあるのに食後はあまりニオイが気にならなくなります。にんにくは薄皮ごと1かけにつき小ぶりのもので10秒、大きめのもので20秒加熱するだけ。つぶして使うときは、1かけにつき30秒加熱してやわらかくしてから。

11 ●●●●● かたくなったハチミツをトロ〜リ

白濁してかたまってしまったハチミツだって捨てないで。ふたをはずしてガラスびんごと電子レンジへ［プラスチック容器の場合は熱で曲がることがあります］。量にかかわらずレンジで2分加熱すれば、元通りによみがえります。

1. ぎんなんを封筒に入れる
2. 封筒を2重に折る
3. でき上がり

ポップコーンは紙袋に入れて加熱

12 ●●●●● ぎんなんの皮むき

　電子レンジで加熱すると膜のあるものは破裂する原理を応用したのがぎんなんの皮むき。ぎんなん10粒を封筒に入れ、口を折ってさらに真2つに折って閉じ、600Wのレンジで1分加熱。薄皮ごとむけますし、翡翠色にでき上がります。

13 ●●●●● ひじきをもどす

　乾燥ひじき大さじ2［10g］に水1/2カップ加え、600Wのレンジで3分加熱でもどります。あとは水でゆすいでざるへ。

14 ●●●●● 乾しいたけをもどす

　乾しいたけ3枚は、耐熱の器に入れ、1枚につき大さじ2の水を加えてふくませ、ひだを上にしてふんわりラップをして、600Wレンジで1分加熱。取り出して2～3分おくともとにもどります。

15 ●●●●● ポップコーンをいる

　とうもろこしは1粒ずつが堅い種皮で包まれているために、紙袋に大さじ3［40g］ばいほど入れて2つに折って600Wのレンジで2分加熱すると、22×28cmの封筒1ぱいのポップコーンのでき上がり。

16 ●●●●● パリッと干物

　ターンテーブルに割りばしをパキッと割って5～6cm間隔にあけて置き、あじやかますの干物を1枚［150g］置いて、ラップはしないで600Wレンジで1分30秒チン。上下を返してさらに1分30秒チンすればでき上がり。

1. 割ばしの上に干物を置く
2. 裏返してさらに加熱

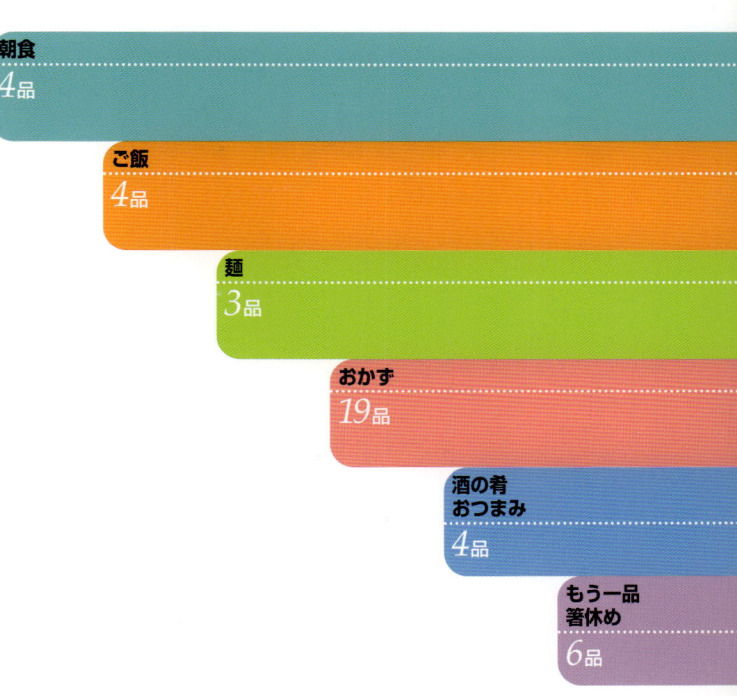

朝食 4品
ご飯 4品
麺 3品
おかず 19品
酒の肴 おつまみ 4品
もう一品 箸休め 6品

朝食から箸休めの一品まで、アッという間の早ワザレシピが40品。
すべて、家族が見直す本格派のメニューばかりです。

おいしいすぐできるレシピ集

ナイフを入れるとチーズが溶け出る
チーズオムレツ

210kcal ●●●●6分

材料
[1人分]
卵●2個
牛乳●大さじ1
塩・こしょう●各少々
ピザチーズ●1つかみ

[2人分]
卵●4個
牛乳●大さじ2
塩・こしょう●各少々
ピザチーズ●2つかみ
好みでトマトケチャップやパセリ

作り方

1●●●●
1人分ずつ作ります。
耐熱スープ皿に卵を割り入れ、牛乳、塩、こしょうを加えてほぐす。

2●●●●
ピザチーズを加え、ふたをして、
600Wレンジで2分30秒[500W3分]加熱。

3●●●●
卵がプワーとふくれてきたら、
加熱時間が余っていても取り出し、
ゴムべらで端から起こしながらくるりと巻いて器へ移す。
トマトケチャップやパセリはお好みで・・・。

よりおいしく、より手早くより簡単にできるコツ
P O I N T

スープ皿のような中央にくぼみのある平らな器を使うと、ふっくらとでき上がります。
オムレツ特有の卵のふんわり感が味わいたかったら、2回に分けて1人分ずつ作ること。

朝食
1

ふんわり甘い香り漂う
フレンチトースト

294kcal ●●●● 8分

材料
[2人分]
食パン[6枚切り]●2枚
フレンチトーストのもと
卵●1個
砂糖●大さじ2
バニラエッセンス●少々
牛乳●1カップ
好みでメープルシロップ、バター

作り方

1 ●●●●
バットに卵を割りほぐし、砂糖、
バニラエッセンスを加え、牛乳を加えて、
泡立て器で混ぜる。

2 ●●●●
食パンを十字に4つに切って、[*1*]に浸し、上下を返す。
約2分間おく。

3 ●●●●
耐熱皿に食パン1枚分の[*2*]を並べ、ふたはしないで
600Wレンジで2分[500W2分30秒]加熱。
好みでメープルシロップやバターでどうぞ。

よりおいしく、より手早くより簡単にできるコツ
P O I N T

指の先で押さえると、ジュワッと卵液がにじむくらいまでしっかりパンを浸すこと。
といっても時間にしてたったの2分。
皿には重ならないようにのせること、ふたはしないこと、がベスト条件。

朝食
2

スタッキングテクで早技ごはん

ボイルドソーセージとフライドポテト

449kcal ●●●● *12分*

材料
[2人分]

ボイルドソーセージ
あらびきソーセージ●6本[200g]
好みで粒マスタード、トマトケチャップ

フライドポテト
フライドポテト[冷凍]●100g
オリーブ油、又はサラダ油●大さじ1
好みで塩、こしょう

作り方

1 ●●●●
ソーセージは、皮にたてに1本切り目を入れて耐熱ボウルに移し、熱湯1カップを注ぐ。

2 ●●●●
耐熱平皿にペーパータオルを4つ折りに敷き、フライドポテトを入れ、オリーブ油をかけて、[*1*]のボウルに重ねてのせる。

3 ●●●●
ふたはしないで600Wのレンジで10分[500W12分]加熱し、取り出して湯を捨てる。
器にソーセージとフライドポテトをもりつける。
好みでソーセージには粒マスタードやケチャップを
フライドポテトには塩、こしょうをどうぞ。

よりおいしく、より手早くより簡単にできるコツ
P   O   I   N   T

スタッキングテクだからこそ、ボイルもフライもオンタイムで仕上がるセットメニュー。フライものにはふたはしない。
油を吸い取るペーパーを下に敷いて。パリッと仕上げるのがコツです。

朝食
3

パリジェンヌ好みのえびサラダ入り
クロワッサンド
378kcal ●●●● *5分*

材料
[2人分]
クロワッサン●2個
えびサラダ
むきえび[冷凍]●200g
酒●大さじ1
Aマヨネーズ●大さじ2
　砂糖●小さじ1
　パセリ[乾]●少々
サラダ菜●1枚[2つに切る]

作り方

1 ●●●●
耐熱ボウルに冷凍えびを入れ、酒をかけ、
ふたをして600Wレンジで3分[500W3分30秒]チン。
ペーパーにのせて水けをきってボウルにもどし、
[A]であえる。

2 ●●●●
クロワッサンは、横に切りこみを入れて
ターンテーブルの端に等間隔におき、
600Wレンジで40秒[500W50秒]加熱。

3 ●●●●
取り出して、サラダ菜と[1]をはさむ。

よりおいしく、より手早くより簡単にできるコツ
P　　O　　I　　N　　T

冷凍パンのオーバー加熱は禁物。クロワッサンサイズで1個につき
600Wレンジで20秒[500W20秒]がベスト。
冷凍むきえびは酒をかけてチンすると、解凍・加熱しつつクサミがとれます。

朝食
4

レンジなら、洗ってすぐふっくらごはんが炊ける

2人分炊きたてごはん

256kcal ●●●● *30分* [蒸らし時間を含む]

材料

[2人分]
米●1カップ
水●1.3カップ

作り方

1 ●●●●
大きめの耐熱ボウルに洗った米を入れ、水を注ぎ、ふたをする。

2 ●●●●
600Wレンジで4分[500W5分]加熱。
さらに弱[200Wor170W]で12分加熱。

3 ●●●●
取り出して、10分間蒸らしてでき上がり。

よりおいしく、より手早くより簡単にできるコツ
P   O   I   N   T

はじめチョロチョロ中パッパ、赤子泣いてもふたとるな、の諺どおり、強で加熱したら弱加熱キーでじっくり加熱。そして10分間の蒸らしがポイント。

ご飯
1

手間を省かず、炊きたてより倍おいしい

冷凍ごはん

222kcal ●●●●6分

材料
[2人分]
炊きたてのごはん●茶わん2はい[300g]
ポリ袋●2枚

作り方

1 ●●●●
ポリ袋にごはんを茶わん1ぱい[150g]ずつ移し、
口を軽く閉じて冷まし、冷凍する。

2 ●●●●
ポリ袋の口をとき、ターンテーブルの端に置き、
600Wレンジで3分[500W3分30秒]加熱。

3 ●●●●
タイマーが1分30秒くらい経過したときに、
扉をあけて、袋の外から手で軽くもむと、
さらにふんわりごはんに。

よりおいしく、より手早くより簡単にできるコツ
P   O   I   N   T

レンジ加熱の特長は、食品が自前の水分を水蒸気にかえて熱くなること。
とすると、ごはんは温かいうちにポリ袋や容器につめて、
蒸気も一緒に冷凍してしまうことが一等大事。

ご飯
2

具だくさんのおこわのいい香りがレンジの扉から

中華おこわ

350kcal ●●●● *20分* [蒸らし時間を含む]

材料

[2人分]

- もち米●1カップ
- 焼き豚[薄切り]●4枚[50g]
- ゆでたけのこ●50g
- 生しいたけ●2枚
- ぎんなん●8粒
- ぬるま湯●1カップ
- A 中華スープのもと[顆粒]●小さじ1/2
  - しょうゆ●小さじ2
  - 酒●小さじ2
  - ごま油●小さじ1

作り方

1 ●●●●

もち米は、洗って水けをきる。
焼き豚は、1cm角切り。たけのこはくし形に切り、
しいたけは、石づきを取って4つに切る。

2 ●●●●

ぎんなんは、封筒に入れて2つに折り、
600Wレンジで40秒[500W50秒]チン。
殻をむく。

3 ●●●●

耐熱ボウルにぬるま湯と[A]を入れて、
もち米を加えて混ぜ、上に具をのせる。
ふたをして600Wレンジで10分[500W12分]加熱。
そのまま10分蒸らしてから混ぜる。

よりおいしく、より手早くより簡単にできるコツ

P O I N T

もち米は、普通のうるち米に比べて水をよく吸うので、
スープと具を加えたらすぐに加熱することが大事。
もち米の上に具をのせたら、混ぜずにふたをしてレンジ加熱すること。

ご飯
3

フライパンを使わない、軽やかなヘルシー味

わさびチャーハン

382kcal ●●●●6分

材料

[2人分]
- 卵●2個
- 桜えび●大さじ2
- わさび茶漬けのもと●2パック
- ごま油●大さじ1
- 冷やごはん●茶わん2はい

作り方

1●●●●
耐熱ボウルに卵を溶き、ふたをして、600Wレンジで2分［500W2分30秒］加熱。

2●●●●
取り出して、桜えび、わさび茶漬けのもと、ごま油を加え、はしで勢いよく混ぜる。

3●●●●
ごはんを加え、ふたをして600Wレンジで3分［500W3分30秒］加熱。
取り出して、混ぜ合わせればでき上がり。

よりおいしく、より手早くより簡単にできるコツ
P O I N T

使う油は2人分でたったの大さじ1ぱい。
フライパンで作るふだんのチャーハンに比べたら、1人分で180kcalもダウン。
まず具をレンジでチン、冷やごはんを加えてもう1回チンと、
2回加熱がパラリと口あたりよく作るコツ。

ご飯
4

パワー不足と思ったら即エネルギーになるうどんでおひるを
鍋焼きうどん
401kcal ●●●● 23分

材料
[2人分]
うどん[冷凍] ● 2パック[420g]
めんつゆ[3倍濃縮] ● 2/3カップ
熱湯 ● 3カップ
牛肉[大和煮] ● 小1缶
長ねぎ[斜め切り] ● 1/2本
卵 ● 2個
七味唐辛子 ● 少々

作り方

1 ●●●●
1人分が作れる直径18～20cmの鉢に、うどん、めんつゆ、熱湯を1/2量入れる。

2 ●●●●
牛肉大和煮の缶詰は汁ごと1/2量、長ねぎを1/2量ずつ加え、卵を割り入れる。卵黄の表面を数カ所ようじで刺して、ふたをする。

3 ●●●●
600Wレンジで10分[500W12分]加熱。取り出して、七味唐辛子をふる。

※冷凍ではなくゆでうどんを使えば、加熱時間は600Wレンジで8分[500W10分]になる。

よりおいしく、より手早くより簡単にできるコツ
P O I N T
冷凍うどんが先。めんつゆと熱湯は後から。
最後に具をのせて、加熱がすむまでかき混ぜないこと。
オッと、卵黄の薄皮はようじで刺して穴を開け、破裂防止を。

麺
1

トマトの酸味と赤が生きるソース
フレッシュ　トマトソース・パスタ

435kcal ●●●●● 8分

材料
[2人分]
スパゲッティ[ゆでたもの]●2パック[400g]
トマト●2個[200g]
塩●小さじ1/2
こしょう●少々
パセリ●1本
オリーブ油●大さじ2

作り方

1 ●●●●●
底の平らな、直径21cmくらいの耐熱ガラスの器に
スパゲッティを入れる。

2 ●●●●●
トマトは、8つのくし型切りで
へたを切り落としてのせる。塩、こしょうをふり、
パセリは、はさみでチョキチョキ切ってのせ、
オリーブ油をかける。

3 ●●●●●
ふたをして、600Wレンジで6分[500W8分]加熱。
取り出して、フォークでぐるぐるかき回して
ソースをからませる。

よりおいしく、より手早くより簡単にできるコツ
P　　　　O　　　　I　　　　N　　　　T

軽く温めたいスパゲッティは下に、生トマトは上にのせること。
上側のトマトの水分に電磁波が十分あたり、とろけるように甘いソースに変身。

やっぱり便利な冷凍食品。ハンバーグに一手間かけて
簡単ミートソース

270kcal ●●●● *10分*

材料
[2人分]
ミニハンバーグ[冷凍]●6個[150g]
A 水●大さじ4
　トマトケチャップ●大さじ4
　チキンスープのもと[顆粒]●小さじ1/2
グリンピース[冷凍]●大さじ2
ツイストマカロニ[ゆでたもの]●150gほど
好みで、粉チーズ

作り方

1 ●●●●
耐熱ボウルにハンバーグを入れて、
ふたをして、600Wレンジで4分[500W5分]加熱。
取り出して、フォークでつぶす。

2 ●●●●
[A]とグリンピースを加え、ふたをして、
600Wレンジで4分[500W5分]加熱。取り出して混ぜる。

3 ●●●●
[2]にゆでたマカロニを加えて混ぜ、器へもる。
好みで粉チーズをかけてどうぞ。

よりおいしく、より手早くより簡単にできるコツ
P　　　O　　　I　　　N　　　T

冷凍ハンバーグをレンジ加熱してほぐせば、炒めひき肉のでき上がり。
調味料を加えてもう1回チンすればミートソースに。

麺
3

魚特有の生ぐさいニオイがしない

さばのみそ煮

242kcal●●●●*8分*

材料
[2人分]
さば●2切れ[140g]
A みそ●大さじ1
　しょうゆ●大さじ1
　砂糖●大さじ2
　酒●大さじ2
　水●大さじ2
しょうが[薄切り]●2〜3枚
レタス●1/4個

作り方

1●●●●
さばは、中骨がついていればはずし、
皮に十文字の切り目を入れる。

2●●●●
耐熱ボウルに[A]を入れて泡立て器で混ぜ、
さばの皮目を上にして入れ、
スプーンで煮汁をすくってかけ、しょうがを散らす。

3●●●●
ふたをして、600Wレンジで6分[500W7分]加熱。
皿にもりつける。
レタスはちぎって耐熱ボウルに入れふたをして、
600Wレンジで1分[500W1分30秒]加熱し、さばにそえる。

よりおいしく、より手早くより簡単にできるコツ

P　O　I　N　T

難しい、めんどうだと敬遠されがちな煮魚こそ、実はレンジの大得意メニュー。
レンジは身の内部から加熱するので、生煮えだったということがありません。
水をほとんど使わないのでツヤよく仕上がります。

おかず
1

めん棒でポリ袋の中のせんべいをバンバンバン

さけのお茶目な一口フライ

360kcal●●●●*7分*

材料

[2人分]
さけ●2切れ[200g]
しょうゆ味せんべい●4〜5枚[50g]
A マヨネーズ●大さじ2
　強力粉●大さじ1
　水●大さじ4
　塩、こしょう●各少々
つけ合わせに、レモン、たたききゅうりなどの野菜

作り方

1●●●●
ポリ袋にせんべいを入れて口をとじて、
めん棒やすりこ木で叩いて砕く。
大小ふぞろいのほうが手作り感が出る。

2●●●●
[A]をボウルに合わせて混ぜる。

3●●●●
さけは、中骨がついていればはずし、
1切れをはさみで3つに切って、[A]をからませ、
せんべい衣をまぶし、
オーブンペーパーをしいた耐熱皿の周囲に並べる。
ふたをして、600Wレンジで5分[500W6分]加熱。
器にのせ、野菜をそえる。

よりおいしく、より手早くより簡単にできるコツ
P　O　I　N　T

溶き卵の代わりにマヨネーズ、パン粉の代わりにしょうゆ味のせんべいを使います。
油を使わないのでカロリーも抑えめ。
せんべいは、歌舞伎揚げのような、油で揚げたものがベター。

おかず
2

アルミ箔の電磁波カットでマイルドな茶碗蒸し

できたて茶碗蒸し

74kcal ●●●●● 6分

材料

[2人分]

卵●1個
A 水●3/4カップ
　和風だしのもと[液]●小さじ1
　みりん●小さじ1
　うすくちしょうゆ●小さじ1
B 生しいたけ●1枚[石づきを取り、2つに切る]
　かまぼこ●2枚[薄切り]
　えび●小2尾[殻をむき、背ワタを除く]
　みつば●2本[むすぶ]
あれば、柚子の皮●少々

作り方

1 ●●●●●
[A]を混ぜ、溶き卵と合わせてこす。

2 ●●●●●
耐熱の器2個に[B]の具を入れ、[1]を流す。
ラップをし、中心を直径5cmほど丸く切り抜いた
アルミ箔を上にかぶせ、器にぴったりつける。

3 ●●●●●
ターンテーブルの端にのせ、600Wレンジで
茶碗1個につき約2分[500W2分30秒]加熱する。
あれば柚子の皮をのせる。

よりおいしく、より手早くより簡単にできるコツ

P O I N T

すが立つのは、卵液の温度がいきなり100℃まで上がり、器に蒸気がこもるから。
アルミ箔は、中央は直径5cmくらいに丸く切り抜き、
器にぴったりはりつけるようにかぶせて。

おかず
3

あっさり味で、ヘルシー＆栄養満点

麻婆豆腐

361kcal ●●●● *10分*

材料
[2人分]

豆腐[木綿]●1丁[300g]
麻婆ソース
A 豚ひき肉●150g
　長ねぎ[みじん切り]●10cm分
　おろししょうが●小さじ1/2
　おろしにんにく●小さじ1/2
　しょうゆ●大さじ1
　酒●大さじ2
　砂糖●大さじ2
　ごま油●大さじ1
　豆板醤●小さじ1
　かたくり粉●小さじ4
　チキンスープのもと[顆粒]●小さじ1
熱湯●1カップ

作り方

1 ●●●●
豆腐は、ペーパータオルをしいた耐熱皿にのせ、2.5cm角にカット。ふたなしで600Wレンジで3分[500W3分30秒]加熱して、水きりをする。

2 ●●●●
耐熱ボウルに[A]を入れて、熱湯を注ぎ混ぜ、ふたをして600Wレンジで3分[500W3分30秒]加熱。

3 ●●●●
取り出してよく混ぜて[1]を加え、ふたをしてさらに600Wレンジで3分[500W3分30秒]加熱。最後にとろみが均一になるように混ぜる。

よりおいしく、より手早くより簡単にできるコツ
P O I N T

炒めないけど、おいしくアクを散らさず作るコツは、豆腐の水きりとソース作りを別々にレンジですること。豆腐の水きりは、豆腐1丁[300g]につき600Wレンジで3分[500W3分30秒]加熱ででき上がり。ざるにのせる水きりに比べて、3倍のスピードアップ。

おかず
4

いかとチンゲン菜の炒め物

ふっくら、やわらか、さっぱり味の

113kcal ●●●● 7分

材料
[2人分]

いかの胴[紋甲] ● 100g
チンゲン菜 ● 2株[200g]
A おろししょうが ● 小さじ1/2
　おろしにんにく ● 小さじ1/2
　豆板醤 ● 小さじ1/4
　塩 ● ほんの少々
　こしょう ● 少々
　ごま油 ● 大さじ1

作り方

1 ●●●●
いかは、5cm幅に切り、
たてに深く切り目を入れて幅5mmのそぎ切り。
チンゲン菜は、葉は3cm長さに、
茎は6～8等分して3cm長さに切る。

2 ●●●●
耐熱ボウルにチンゲン菜を入れ、
いかをのせ、[A]を合わせてかける。

3 ●●●●
ふたをして、600Wレンジで5分[500W6分]加熱。
底にたまった水はそのままにして、
いかとチンゲン菜を器にもる。

よりおいしく、より手早くより簡単にできるコツ

P O I N T

レンジ炒めなら、必要最少限の油しか使わずさっぱりヘルシー。
短時間で加熱するので、野菜はシャッキリ、いかはふっくら。
加熱ムラを防ぐため、いかの厚みは切りそろえて。

おかず
5

ボリュームたっぷりのわりにローカロリーの
青椒肉絲
109kcal ●●●● 7分

材料
[2人分]
ピーマン●4個 [100g]
[ヘタとタネを除き、幅1cmの細切り]
牛肉[薄切り]●100g
A オイスターソース●大さじ1
　砂糖●小さじ1
　ごま油●小さじ1
　かたくり粉●小さじ1/2
　水●小さじ1
　おろしにんにく●小さじ1/2
　赤唐辛子●1本[2つにちぎってタネを出す]

作り方

1 ●●●●
牛肉は、5cm幅に切りそろえ、3〜4枚ずつ重ねて、
センイにそってくるくると巻き、幅5mmの小口切りにする。

2 ●●●●
耐熱ボウルに[A]を入れて混ぜ、[1]を加えてからませ、
ふたをして、600Wレンジで2分[500W2分30秒]加熱。

3 ●●●●
[2]にピーマンを加えてざっと混ぜ、
ふたはしないで600Wレンジで4分[500W5分]加熱。
よく混ぜて器にもる。

よりおいしく、より手早くより簡単にできるコツ
P O I N T
牛肉は5cm長さに切りわけたら、重ねてくるくる巻いて小口切りに。
これでセンイにそった細切り牛肉がプロ級にでき上がり。
調味料をまぶしてチンすれば、パラパラにほぐれます。

おかず
6

じゃがいものうま味そのままをいただく
あったかポテトサラダ

239kcal ●●●● *5分*

材料
[2人分]
じゃがいも●1個[150g]
玉ねぎ●1/4個
にんじん●3cm
ハム[薄切り]●2枚
塩●少々
マヨネーズ●大さじ3
パセリ[みじん切り]●少々

作り方

1 ●●●●
玉ねぎは薄切り、にんじんはせん切りにして
塩をかけてもみ、かたく絞る。
ハムは、たてに2等分し、幅5mmの細切り。

2 ●●●●
じゃがいもは、ターンテーブルの端におき、
600Wレンジで1分30秒[500W2分]加熱。
上下を返して1分30秒[500W2分]加熱。
取り出して皮をむき、ボウルに入れて
マッシャーまたはフォークでつぶす。

3 ●●●●
[2]にマヨネーズ、[1]を加えてあえ、
パセリをはさみでチョキチョキしながらふりかける。

よりおいしく、より手早くより簡単にできるコツ
P O I N T

じゃがいも、里いも、さつまいも、なすなど皮がある野菜は、皮がラップ代わり。
洗ったら水けがついたまま、ターンテーブルの端に等間隔において加熱。
水からゆでると流れ出るビタミンCも、皮の中に閉じこめます。

おかず
7

シャキッとした歯ざわりを人気のおかずで
れんこんのきんぴら

162kcal●●●●*12分*

材料
[2人分]
れんこん●1/2節[150g]
牛ひき肉●50g
A しょうゆ●大さじ1
　砂糖●大さじ1
　ごま油●大さじ1
　赤唐辛子●1/2本[タネを出して小口切り]

作り方

1●●●●
れんこんは、皮をむいてたて2等分し、
幅3mmの半月切り。
酢水[水1カップ＋酢大さじ1]に
5分間さらして、水けをきる。

2●●●●
耐熱ボウルに[A]を入れて牛ひき肉を加え、まず混ぜる。
次にれんこんを加えてもう1回混ぜる。

3●●●●
れんこんにオーブンペーパーをじかにかぶせ、
耐熱小皿をのせて落としぶた代わりにし、
600Wレンジで5分[500W6分]加熱。

よりおいしく、より手早くより簡単にできるコツ
P　　O　　I　　N　　T

れんこんは薄切りにしたら、歯ざわりをよくするために、
酢水にさらしてアクどめを。
酢水の量は、水1カップに酢大さじ1の割合で。

おかず
8

2人分だからこそのスピードクッキング

肉じゃが

250kcal●●●●*12*分

材料

[2人分]
豚ロース肉[薄切り]●50g [3cm長さに切る]
しょうが[薄切り]●4枚 [せん切り]
じゃがいも●2個 [300g]
A しょうゆ●大さじ1
　酒●大さじ1
　砂糖●大さじ2
　水●1/4カップ
　和風だし[液]●小さじ1
グリンピース[冷凍]●大さじ1

作り方

1●●●●●
じゃがいもは、皮をむいて一口大に切り、
水に放してもみ洗いしてざるへ上げる。

2●●●●●
耐熱ボウルに[A]を入れて、
豚肉とグリンピース、しょうがを加えてほぐす。

3●●●●●
じゃがいもを加えて汁にうめこむようにし、
オーブンペーパーをじかにかぶせ、
耐熱小皿を落としぶた代わりにおき、
ふたをして600Wレンジで10分[500W12分]加熱。

よりおいしく、より手早くより簡単にできるコツ
P　　O　　I　　N　　T

レンジ加熱はアクが逃げにくいので、じゃがいもは切ったそばから水にさらして。
レンジ加熱は、いもの煮くずれの心配がないので、料理1年生でも上手にできます。

おかず
9

ゆずの香りが淡白な大根によく合います

ふろふき大根

54kcal ●●●●8分

材料
[2人分]
大根●200g
ゆずみそ
A みそ●大さじ1
　砂糖●大さじ1
　ゆずの搾り汁●小さじ1
　ゆずの皮[みじん切り]●小さじ1
　水●小さじ1

作り方

1 ●●●●
ボウルに[A]を入れてフォークで練り、
＜ゆずみそ＞を作る。

2 ●●●●
大根の皮をむき、たてに4つ割りにし、
それぞれを斜めに切って乱切りにする。

3 ●●●●
耐熱ボウルに入れ、ふたをして
600Wレンジで6分[500W8分]加熱し、
器にもり、[1]のゆずみそをかける。

よりおいしく、より手早くより簡単にできるコツ
P　O　I　N　T

電磁波は食品のとがった部分に集中してあたる性質があるので、
レンジ加熱の『ふろふき大根』は、
角がたくさんできるような乱切りにするのが正解。
根菜にかぎらず、野菜の下ゆでには電子レンジが大いに活躍。

おかず
10

クリーミィな白あえは日本のマヨネーズサラダ

ほうれん草の白あえ

222kcal ●●●● *10分*

材料
[2人分]

豆腐[木綿]●1/2丁[150g]
A 練りごま●大さじ2
　砂糖●大さじ2
　塩●小さじ1/2
　ごま油●小さじ1
　しょうゆ●小さじ1
ほうれん草●1/2ワ[150g]

作り方

1 ●●●●
豆腐は、2枚重ねにしたペーパータオルで包み、
耐熱ボウルに移し、
水1カップを入れた耐熱ボウルを重石代わりにのせて、
600Wレンジで5分[500W6分]加熱。

2 ●●●●
[1]の豆腐をフードプロセッサーに移し
[ない場合は泡立て器で]、
[A]を加えてなめらかになるまで混ぜる。

3 ●●●●
ほうれん草は、2cm長さに切って洗い、耐熱ボウルに移す。
ふたをして、600Wレンジで2分[500W2分30秒]加熱。
水にとってかたく絞り、[2]であえる。

よりおいしく、より手早くより簡単にできるコツ
P　　O　　I　　N　　T

3時間かかる豆腐の水きりが、レンジを使えば5分でできます。
豆腐は2枚重ねにしたペーパータオルで包み、耐熱ボウルに移し、
水1カップを入れた耐熱ボウルを重石代わりにのせて。
600Wレンジで5分[500W6分]加熱で重量は半分に。

おかず
11

とろ～りやさしいのどごしの
クリームシチュー

368kcal ●●●● *12分*

材料
[2人分]

ホワイトソース
強力粉●大さじ2
バター●大さじ3
牛乳●2カップ
塩、こしょう●各少々
チキンスープのもと[顆粒]●小さじ1
A 鶏ささみ●2枚[80gそぎ切り]
　玉ねぎ●1/2個[くし形切り]
パセリ[みじん切り]●少々

作り方

1 ●●●●
耐熱ボウルに強力粉とバターを入れ、ふたをして、
600Wレンジで1分[500W1分30秒]加熱。
取り出して泡立て器で混ぜ、
牛乳を少しずつ加えて溶きのばす。

2 ●●●●
ふたをして600Wレンジで3分[500W3分30秒]加熱。
取り出して泡立て器で混ぜて、もう1度3分加熱し、
取り出して塩、こしょうで調味し、
スープのもとを入れて混ぜる。

3 ●●●●
[2]に[A]を加えて混ぜ、
600Wレンジで3分[500W3分30秒]加熱。
よく混ぜて器によそってパセリみじん切りをふる。

よりおいしく、より手早くより簡単にできるコツ

P　O　I　N　T

電子レンジは、なめらかなホワイトソースはお手のもの。
ガスのコンロで作るときのように、だまになったり、
焦げついたりの心配がまったくありません。上手に作るコツは、途中で2回ほど混ぜること。

おかず
12

市販のドミグラスソースで、一流シェフの味
ハヤシライス

583kcal●●●●10分

材料
[2人分]
- 牛ロース肉[薄切り]●100g[幅3cmに切る]
- 玉ねぎ●1/2個[幅5mmの薄切り]
- マッシュルーム[スライス]●小1缶[50g]
- 塩、こしょう●各少々
- サラダ油●大さじ2

ソース
- A ドミグラスソース[缶]●1カップ
-   水●1/2カップ
-   トマトケチャップ●大さじ2
-   赤ワイン●大さじ2
- 温いごはん●300g

作り方

1●●●●
耐熱ボウルに牛肉、玉ねぎ、マッシュルームを入れて、塩、こしょうし、サラダ油をまわしかけて、ふたをし、600Wレンジで3分[500W3分30秒]加熱。

2●●●●
[A]のソースの材料をなめらかになるまで混ぜ、[1]のボウルに加える。
ふたをして600Wレンジで5分[500W6分]加熱。

3●●●●
器にごはんをよそって[2]をかける。

よりおいしく、より手早くより簡単にできるコツ
P O I N T

炒めないのに、おいしくハヤシライスを作るコツは時間差加熱にあり。
牛肉と玉ねぎとマッシュルームを調味したらオイルをかけてまず1回レンジで加熱。
そのあとドミグラスソースをかけてもう1回チンをします。

おかず
13

かたくならず、生焼けの心配なし!
ソフトハンバーグ
343kcal ●●●● *10分*

材料
[2人分]
合びき肉●150g
玉ねぎ●1/2個 [100g]
A パン粉●大さじ2
　溶き卵●大さじ2
　塩●小さじ1/3
　こしょう●少々
サラダ油●大さじ1
ソース
B トマトケチャップ●大さじ1
　ウスターソース●大さじ1
　水●大さじ1/2
パセリ[みじん切り]●少々

作り方

1 ●●●●
玉ねぎは、みじん切りにし、耐熱皿に入れ中央をあけて、ふたをする。600Wレンジで2分 [500W 2分30秒] 加熱。取り出して冷ます。

2 ●●●●
ボウルに合びき肉、[1]、[A] を入れて、粘りが出るまで手でよく混ぜて2等分。手を洗って油をつけて生地を小判型にまとめ、両手にもって左右にたたきつけて、中の空気を抜く。

3 ●●●●
温めたフライパンにサラダ油を入れ、ハンバーグ2個の両面を強火で焼き、耐熱皿に移し、ふたをして600Wレンジで4分 [500W 5分] 加熱。皿にもり、パセリをそえ、[B] のソースをかける。

よりおいしく、より手早くより簡単にできるコツ
P O I N T
焼き色だけはフライパンで、最終加熱はレンジにおまかせで生焼け防止を。
身割れ防止に、ハンバーグ生地は粘りが出るまで手でよく混ぜて、両手にもって左右にたたきつけて中の空気を抜きます。

おかず
14

わざわざ冷ますなんてモッタイない
できたて蒸し鶏
136kcal●●●●*5分*

材料
[2人分]
鶏ささみ[筋なし]●3本[120g]
塩、こしょう●各少々
酒●大さじ1
薬味
A 青しそ●2枚[せん切り]
　みょうが●1本[小口切り]
　万能ねぎ●少々[小口切り]
　おろししょうが●少々
ソース
B しょうゆ●大さじ1
　サラダ油●大さじ1

作り方

1●●●●
耐熱皿にささみを並べ、塩、こしょうし、酒をかける。
ふたをして、600Wレンジで1分30秒[500W2分]加熱。

2●●●●
ふたをとって、ささみを裏返し、
ふたをもどしてさらに600Wレンジで1分30秒
[500W2分]加熱。

3●●●●
そぎ切りにして器にもり、薬味をのせて、
ソースをかける。

よりおいしく、より手早くより簡単にできるコツ
P O I N T
高たんぱくで低カロリーの鶏のささみは、裏を返せば、
加熱すればするほどかたくなるということ。
ジャストタイムに火が通るレンジ蒸しで是非！
電子レンジの欠点は、上からだけの加熱。途中で1度返すこと。

おかず
15

水けが出ずに、歯ごたえよく仕上がる
シャッキリ野菜炒め
254kcal ●●●● 9分

材料
[2人分]

白菜●2枚[200g]
　[茎は2等分し、5cm長さに切る]
生しいたけ●4枚[石づきを取り、2つに切る]
にんじん●3cm分[2等分し、3mm幅の薄切り]
さやえんどう●10枚[筋をとる]
ハム[薄切り]●4枚[1枚を8つに切る]
ゆでうずら卵●6個
サラダ油●大さじ2
A チキンスープのもと●小さじ1/2
　塩、こしょう●各少々

作り方

1 ●●●●●
耐熱ボウルに野菜[かたい野菜は上にくるように]を入れてふたをして、ターンテーブルの端に置き、600Wレンジで5分[500W6分]加熱。

2 ●●●●●
ざるへ上げて、水けをきる。

3 ●●●●●
フライパンを温め、サラダ油でハム、うずら卵、野菜の順に加えて炒め、[A]で調味する。

よりおいしく、より手早くより簡単にできるコツ
P　　O　　I　　N　　T

手早い料理でカンタンといえば「野菜炒め」ですが、
おいしくできるか否かは、いかに短時間で手早く炒めるかで決まります。
電子レンジでチンすることで、
中華料理の下ごしらえ法「油通し」を、したようになります。

おかず
16

ウィスキーを効かせてコクも風味もアップ
ふっくらニラレバ

269kcal ●●●●5分

材料
[2人分]
豚レバー[薄切り]●100g
下味
A 塩●小さじ1/4
　こしょう●少々
　かたくり粉●大さじ1
　ごま油●大さじ1
にんにく●1かけ[包丁の腹で押しつぶす]
玉ねぎ●1/2個[幅5mmの薄切り]
にら●1ワ[3cm長さに切る]
サラダ油●大さじ1
B しょうゆ●大さじ1
　ウィスキー●大さじ1
　砂糖●大さじ1

作り方

1●●●●
豚レバーは、4cm長さに切り、[*A*]をまぶし、
耐熱皿の中央をあけて並べ、ふたをする。
600Wレンジで2分[500W2分30秒]加熱する。

2●●●●
フライパンを温め、サラダ油でにんにく、
玉ねぎ、にらの順に加えて強火で炒める。

3●●●●
[*2*]にレバーを加え、
[*B*]の調味料を回しかけてからめ、火をとめる。

よりおいしく、より手早くより簡単にできるコツ
P O I N T
レバーの下味にかたくり粉を使うので、
レンジ加熱をするときにレバー同志がくっつかないように、
間をあけて材料を並べます。

おかず
17

たれをからめてチンするだけの超簡単
焼き豚
312kcal ●●●●●8分

材料
[2人分]
豚肩ロース肉[かたまり]●200g
たれ
A みそ●大さじ1
　しょうゆ●小さじ1
　砂糖●大さじ1
　ごま油●小さじ1
　豆板醤●小さじ1/2
万能ねぎ●2本[斜め切りにして水に放し、辛味を抜く]

作り方

1 ●●●●
[A]をボウルに合わせて混ぜる。

2 ●●●●
ターンテーブルにオーブンペーパーをしき、
割りばしを割って5cm間をあけてのせる。
豚肉をはしの上に置き、
片面にスプーンで[A]の半量をぬり、ふたはしないで
600Wレンジで3分[500W3分30秒]加熱。

3 ●●●●
肉を裏返し、残っている[A]をスプーンでぬり、
さらに600Wレンジで3分[500W3分30秒]加熱する。
取り出して粗熱をとり、薄切りにし、
万能ねぎと器にもる。

よりおいしく、より手早くより簡単にできるコツ
P O I N T
肉の表面にみそやしょうゆの塩分をつけると、
電磁波の吸収量が増しておいしそうな焦げ目がつきます。
肉の水分を蒸発させたいので、ふたはしないで加熱します。

おかず
18

豚汁

体も心も温まっておかず代わりにもなる

128kcal●●●●●12分

材料

[2人分]

- 豚ロース肉[薄切り]●2枚[40g]
- 里いも●大1個
- にんじん●3cm
- 大根●1cm
- 熱湯●2カップ
- 和風だし[液]●小さじ1/2
- みそ●大さじ2
- 七味唐辛子●少々
- 白ねぎ[小口切り]●少々

作り方

1●●●●●

みそ汁は煮たってくるとふきこぼれやすいので、1000mlぐらいある大きめの耐熱の器に熱湯と和風だしを入れ、みそを溶き入れる。

2●●●●●

豚肉は幅2cmに、里いもは皮をむいて幅5mmに、にんじんは2等分、大根は、4等分してどちらも幅5mmに切って、[1]に加え、ふたをして600Wレンジで4分[500W5分]加熱。あとは弱加熱[170W,200W]で6分加熱してでき上がり。

3●●●●●

器によそって、ねぎを入れ、七味唐辛子をふる。

よりおいしく、より手早くより簡単にできるコツ

P O I N T

具だくさんの豚汁は、里いも、にんじん、大根などの根菜を幅5mmに厚さを揃えて切っておくこと。均等に火が通ります。汁ものも、レンジのごはん炊きと同様、沸とうしたら弱加熱[170Wや200W]に切り替えると、ふきこぼれずにすみます。

おかず
19

香ばしい焼きのりが食欲をそそる

鶏つくね

358kcal ●●●● *10分*

材料
[2人分]

鶏ひき肉 ● 200g
A 長ねぎ[みじん切り] ● 1/2本
　おろししょうが ● 小さじ1/2
　パン粉 ● 大さじ2
　溶き卵 ● 大さじ2
　みりん ● 大さじ1
　しょうゆ ● 大さじ1
焼きのり ● 1/2枚
ごま油 ● 小さじ2
たれ
B しょうゆ ● 小さじ1
　ごま油 ● 小さじ1

作り方

1 ●●●●
鶏ひき肉に[A]を加えて混ぜ、2等分し、小判型にまとめ、のりを4つに切って、鶏つくねの裏表にはりつける。

2 ●●●●
ターンテーブルにオーブンペーパーをしき、割りばしを2つに割って5cm間をあけた上にのせ、刷毛などでごま油を表面にぬって、ふたをする。

3 ●●●●
600Wレンジで8分[500W10分]、押してみて弾力がでるまで加熱し、器にもり、[B]のたれをかける。

よりおいしく、より手早くより簡単にできるコツ
P O I N T

電子レンジ加熱のときは、下側に火が通りにくいのが難点ですが、つくね生地の下に割りばしをしくと、電磁波の通り道ができて、上下を返さなくても100％加熱ができます。

酒の肴
おつまみ

1

パプリカと梅肉の香りがタンドリー風の
唐揚げチキン
360kcal●●●●*8分*

材料
[2人分]

鶏もも肉[皮付]●1枚[250g]
下味
A パプリカ●大さじ1
　梅干し[果肉をたたく]●1個
　塩●小さじ1/2
　しょうゆ●小さじ1
　こしょう●少々
　おろしにんにく●小さじ1/2
かたくり粉●適量
サラダ油●大さじ1
すだちやレモン●適量

作り方

1●●●●
鶏もも肉は、8つに切って、[A]を加えてからませる。

2●●●●
鶏肉にかたくり粉をまぶし、オーブンペーパーを
しいたターンテーブルの端に皮を下にして並べ、
サラダ油を少しずつスプーンの背でなでるようにかける。

3●●●●
ふたはしないで600Wレンジで3分[500W3分30秒]加熱。
上下を返し、さらに600Wレンジで
3分[500W3分30秒]加熱してでき上がり。
すだちは2つに切ってV字カットを入れてそえる。

よりおいしく、より手早くより簡単にできるコツ
P O I N T
レンジで作る唐揚げチキンは、油で揚げません。
鶏肉にサラダ油をぬりつけて、ふたはしないでチン。
庫内に油がはねて汚れることがありますが、熱いうちにさっとふき取ってください。

酒の肴
おつまみ
2

まるでコーラスグループ、口を開いて唄います

あさりの酒蒸し
38kcal●●●●*10分*

材料
[2人分]
あさり貝[殻をよく洗ったもの]●300g
酒●大さじ1
好みでレモン、万能ねぎ[小口切り]など

作り方

1●●●●
あさり貝は、殻をよく洗って耐熱皿に移す。
中央はあける。

2●●●●
酒をふり、ふたをして、
600Wレンジで6〜7分[500W8〜9分]加熱。

3●●●●
貝の口が全部開いたら、
レモンを搾り、ねぎを散らす。

よりおいしく、より手早くより簡単にできるコツ
P O I N T

電磁波はターンテーブルの周辺によくあたります。
加熱が一番弱い中央はよけてあさり貝を並べましょう。
あさり貝は生の状態で冷凍できます。
冷凍あさりで作るときは加熱時間を2分増やして・・・。

酒の肴
おつまみ
3

ソーセージとキャベツの相性は抜群！
ボイルドソーセージとめんつゆキャベツ

272kcal●●●●9分

材料
[2人分]
あらびきソーセージ●4本[120g]
めんつゆキャベツ
キャベツ●4枚[200g]
A めんつゆ[3倍濃縮]●大さじ1
　オリーブ油●大さじ1
　タバスコ●少々

作り方

1●●●●
ソーセージの皮にたてに1本切り目を入れて耐熱ボウルに移し、熱湯1/2カップを注ぎ、ふたをして600Wレンジで3分[500W3分30秒]加熱し、とり出す。

2●●●●
キャベツは、3cm角ぐらいに切り、耐熱ボウルに入れ、[A]をかけて、ふたをして600Wレンジで4分[500W5分]加熱。

3●●●●
湯をきったソーセージと[2]のキャベツを器にもる。

よりおいしく、より手早くより簡単にできるコツ
P O I N T

電子レンジにかけると「皮のあるものは破裂する」を地でいくことになるソーセージには、必ず切り目を入れてからレンジ加熱を。熱湯を注いでボイルしたほうが、脂肪がとれてさっぱりした仕上がりになります。

酒の肴
おつまみ
4

野菜の栄養や風味が100％そのまま食べられる

小松菜と油揚げの煮物

89kcal●●●●*7分*

材料
[2人分]

小松菜●200g
油揚げ●1枚
煮汁
A 水●1/2カップ
　和風だし[液]●大さじ1
　しょうゆ●小さじ1
　酒●小さじ1

作り方

1●●●●
耐熱ボウルに[A]を合わせる。
小松菜は、葉のほうを4〜5cm長さに切って
[A]の入ったボウルに加え、
茎は3〜4cm長さに切って上にのせる。

2●●●●
油揚げは、たて2等分し、
それぞれを幅1〜1.5cmに切って、[1]の上にのせる。
ふたをして600Wレンジで5分[500W7分]加熱。

よりおいしく、より手早くより簡単にできるコツ
P　O　I　N　T

電子レンジで調理すると、野菜の持っている水分を利用して短時間で加熱できます。
鍋を出したり湯を沸かしたりの手間もありません。
やわらかい葉は下に、かたい茎は上にのせてチン！
アクの多いほうれん草などを除けばどんなものでも。

もう一品
箸休め
1

拍子抜けしそうなほど簡単でおいしい

ピーマンのじゃこいり煮

68kcal●●●●●5分

材料
[2人分]
ピーマン●3〜4個[100g]
ちりめんじゃこ●大さじ2
A おろしにんにく●小さじ1/2
　ごま油●小さじ2
　しょうゆ●小さじ1
こしょう●好みの量

作り方

1 ●●●●●
ピーマンは、たて2つに切り、タネを除き、乱切りにして、耐熱ボウルに移す。

2 ●●●●●
[A]を混ぜ合わせ、ちりめんじゃこを加えてからめ、ピーマンの上にのせる。

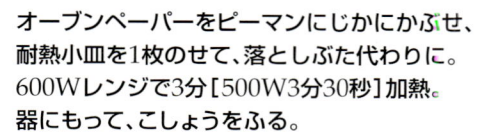

3 ●●●●●
オーブンペーパーをピーマンにじかにかぶせ、耐熱小皿を1枚のせて、落としぶた代わりに。600Wレンジで3分[500W3分30秒]加熱。器にもって、こしょうをふる。

よりおいしく、より手早くより簡単にできるコツ
P O I N T

ちりめんじゃこもピーマンも、どちらかといえば水分の少ない食材。
耐熱ボウルに材料と調味料を合わせたら、
オーブンペーパーと耐熱小皿を落としぶた代わりにのせること。
これで全体にまんべんなく火[?]が通ります。

もう一品
箸休め
2

博多の味と西洋の味がドッキング

ブロッコリーの めんたいマヨネーズあえ

103kcal ●●●●*5分*

材料
[2人分]
ブロッコリー●1/2株[150g]
辛子めんたいこ[又は塩たらこ]●1/2腹[50g]
マヨネーズ●大さじ1

作り方

1 ●●●●
ブロッコリーは、茎を切り離して小房に分ける。
残った茎は、皮をむいて、たて4等分。
さっと水洗いして耐熱ボウルに入れ、ふたをして、
600Wレンジで3分[500W3分30秒]加熱。

2 ●●●●
ボウルへ水を注いで冷まし、ざるへ上げる。

3 ●●●●
めんたいこの薄皮にスリットを入れて開き、
中身をナイフでしごいてボウルに移し、
マヨネーズを混ぜ、[2]をあえる。

よりおいしく、より手早くより簡単にできるコツ
### P		O		I		N		T

ビタミンAを豊富に含む緑野菜の中でもダントツ人気のブロッコリーは、
アクがないのでレンジゆでにぴったりの素材。
菜の花、チンゲンサイ、せりなどもこのレシピと同じ量、加熱時間で調理できます。

もう一品
箸休め
3

冷蔵すれば1週間はおいしい、中国風浅漬け

辣白菜

56kcal ●●●● 6分

材料
[2人分]

白菜●3枚[300g]
甘酢
A 酢●大さじ3
　砂糖●大さじ3
　しょうゆ●2〜3滴
　塩●小さじ1/2
　ラー油●小さじ1

作り方

1 ●●●●
白菜は、葉と茎に分け、
6〜7cm長さに切ってそれぞれを幅3cmにする。

2 ●●●●
耐熱ボウルに[1]の葉を先に、上に茎をのせ、
600Wレンジで4分[500W5分]加熱し、
ざるに上げて粗熱を取り軽く絞る。

3 ●●●●
ボウルに[A]を合わせ、
白菜を加えてひと混ぜして、器にもる。

よりおいしく、より手早くより簡単にできるコツ
P O I N T

白菜は長さを2等分して、葉を下に、
茎のほうを上に耐熱ボウルに入れて口を折り曲げて、電子レンジ加熱を。
かたい茎を上にのせているので、ムラなく火が通ります。

もう一品
箸休め
4

食卓には高カロリーのものばかりというときに

三色漬け

20kcal ●●●● 5分

材料
[2人分]

キャベツ●1枚
きゅうり●1本
にんじん●3cm
赤唐辛子●1本[タネを出して輪切り]
A 酢●大さじ1
　水●大さじ1
　和風だし[液]●小さじ1
　塩●小さじ1/2
　砂糖●小さじ1

作り方

1 ●●●●
耐熱ボウルに[A]を入れて、はしで混ぜて塩を溶かす。

2 ●●●●
キャベツは一口大にちぎり、
きゅうりは幅1cmの斜め切り、
にんじんは、たて2等分して幅3mmの薄切りにして、
[1]に赤唐辛子と加え、ふたをする。

3 ●●●●
600Wレンジで3分[500W3分30秒]加熱して
取り出し、粗熱がとれたらでき上がり。

よりおいしく、より手早くより簡単にできるコツ
POINT

一晩かかる浅漬けも、電子レンジを使えばトータルで5分でできます。
アトランダムに切った野菜を耐熱ボウルでチンして。
塩をふって重石をかけたときと同じ効果が得られます。

もう一品
箸休め
5

甘く酸っぱく、うま味たっぷりの
きのこの和風ピクルス
41kcal ●●●● 6分

材料
[2人分]
しめじ●1パック[100g]
生しいたけ●1パック[120g]
えのきだけ●1パック[80g]
漬け汁
A 水●1/2カップ
　和風だし[液]●小さじ1
　酢●大さじ2
　みりん●大さじ2
　しょうゆ●小さじ1
　塩●小さじ1/4
　赤唐辛子●1本[タネを出して小口切り]
　ローリエ●1枚

作り方

1 ●●●●
しめじは、石づきを取って小房に分け、
しいたけは、石づきを取って1枚を2～4つに切る。
えのきだけは、根元を切って細かくほぐす。

2 ●●●●
耐熱ボウルに[A]を合わせ、[1]を加え、
ふたをして600Wレンジで4分[500W5分]加熱。

3 ●●●●
ひと混ぜして、味をなじませて冷ます。

よりおいしく、より手早くより簡単にできるコツ
P O I N T
電子レンジでは水分なしでも加熱できますが、
きのこはポリフェノールを含むので渋味も多いもの。
酸味を効かせて、漬け汁は多めに仕上げると、おいしさも倍増。

もう一品
箸休め
6

材料別さくいん

野菜
- フレッシュトマトソース・パスタ●32
- あったかポテトサラダ●48
- れんこんのきんぴら●50
- ふろふき大根●54
- ほうれん草の白あえ●56
- シャッキリ野菜炒め●66
- ボイルドソーセージとめんつゆキャベツ●80
- 小松菜と油揚げの煮物●82
- ピーマンのじゃこいり煮●84
- ブロッコリーのめんたいマヨネーズあえ●86
- 辣白菜●88
- 三色漬け●90
- きのこの和風ピクルス●92

肉
- ボイルドソーセージとフライドポテト●18
- 中華おこわ●26
- 鍋焼きうどん●30
- 簡単ミートソース●34
- 麻婆豆腐●42
- 青椒肉絲●46
- 肉じゃが●52
- ハヤシライス●60
- ソフトハンバーグ●62
- できたて蒸し鶏●64
- ふっくらニラレバ●68
- 焼き豚●70
- 豚汁●72
- 鶏つくね●74
- 唐揚げチキン●76

魚介
- クロワッサンド●20
- さばのみそ煮●36
- さけのお茶目な一口フライ●38
- いかとチンゲン菜の炒め物●44
- あさりの酒蒸し●78

卵・乳製品
- チーズオムレツ●14
- フレンチトースト●16
- できたて茶碗蒸し●40
- クリームシチュー●58

米
- 2人分炊きたてごはん●22
- 冷凍ごはん●24
- わさびチャーハン●28

村上祥子
むらかみさちこ

管理栄養士の資格を持つ料理研究家。
福岡女子大学家政学科卒業。
東京と福岡にクッキングスタジオを主宰し、
NHK教育テレビ「村上祥子の料理マジック」
(毎週木曜日20:27〜)にレギュラー出演、
その他、出版、講演、商品開発、
母校の大学で教鞭を執るなど幅広く活躍。
豊富なレシピとシンプルで手早い調理法には
定評がある。
著作に『電子レンジで朝ごはん』
『ママと子どもがハマるお料理手品』(ともに講談社)
などがある。

(株)ムラカミアソシエーツ
古城佳代子
福森道歩
山下圭子
空飛ぶ料理研究家・村上祥子のホームページ
http://www.murakami-s.com/

デザイン
日下充典

撮影
松本祥孝

スタイリング
中安章子

村上祥子の電子レンジらくらくクッキング

2000年5月30日初版第1刷発行
2001年2月15日初版第5刷発行

著者
村上祥子

発行者
木谷仁哉

発行所
株式会社ブックマン社
〒101-0065東京都千代田区西神田3-3-5
tel.03-3237-7777
http://www.bookman.co.jp

印刷所
図書印刷

ISBN4-89308-403-8

©Sachiko Murakami 2000.
Printed in Japan
乱丁、落丁本はお取り替え致します。
定価はカバーに表示してあります。

ブックマン社 好評既刊本

グッチ裕三のこれは旨い!

A5判●96頁●本体価格1,100円

テレビ東京朝の番組「TVあっぷる」(月～金・10:00～11:30)の人気コーナーのレシピ集です。芸能界きっての食通・料理通のグッチ裕三が、ほとんど手間をかけずにできて本当においしい料理を紹介します。
かぼちゃに入れるチーズはいろいろ試した結果モッツァレラが一番いいなど、ちょっとした工夫、グッチ流にいえば「だんなが見直す!」コツが満載。

●内容●
家族みんなが喜ぶ簡単ウマウマの39品
●香りたつガーリックライス●ハイカラおじや●夢の鉄火丼
●おやつはカボチャボール●オンリーにら豆腐 ほか
お父さんのお酒がぐっとウマくなる酒の肴13品
●豚バラたくあん炒め●スリムハンバーグ●ボルロク ほか

グッチ裕三のこれは旨い! 2

A5判●96頁●本体価格1,100円

大好評にこたえてついに出た! 待望の第2弾。おいしさはさらにパワーアップ。とにかく簡単、もちろん旨い43品が勢揃い。
調味料の使い方や火加減の話など、自分で苦労したから言える役立つアドバイスもいっぱいです。

●内容●
家族団らんランランタ食28品
●サーモンライス●ジャコと豆の木●ぷりぷり水餃子●オンリーめんたい豆腐●ケンタイキ旨いどチキンほか
お疲れパパの晩酌&モリモリがんばっちゃう夜食15品
●新玉丼●江戸前サンド●マハラジャラーメン●SPEEDアサリスープ ほか

グッチ裕三のこれは旨い! 3

A5判●96頁●本体価格1,100円

3巻目にふさわしい最強のレシピが勢揃い。
ちょっとしたアイデアで生まれた、旨い、簡単、思わず感嘆! の43品。
3巻では読者の要望に答え、グッチが実際に使っている調味料を紹介します。

●ザ・ストロングパン●ホームラン焼肉●ソース焼きめし●塩辛のスパゲッティ
●おいしい山かけ●大人の香りのスパゲッティほか

ご注文は書名を明記し、現金書留にて定価+送料(380円均一)を下記にお送り下さい。
代引ご希望の方は
電話03-3263-3321またはFAX03-3263-4514へご連絡下さい。

株式会社ブックマン社
〒101-0065　東京都千代田区西神田3-3-5